창조문학대표시인선 • 253

# 천 개의 소망이 되어

## 유정욱 제2시집

내일에 대한 불안감을 안고 바쁜 일상을 살아가는 현대인에게 인문학 사고의 기초는 시를 읽고 쓰기 위한 노력으로부터 시작되어진다는 것을 강조하기 위해 읽혀지지도 않을지 모를 서문을 참으로 길게 쓰는 이유이다. –시인의 말 중에서

창조문학사

/ 추천사 /

# 유정욱 시집『천 개의 소망이 되어』

서 요 한

(총신대학교 신학과 교수 · 신학박사 · 시인)

동윤 유정욱 시인은 일상에서 우리가 쉽게 놓치는 다양한 소재를 창출하여 꼼꼼히 정리한 정제된 시들을 묶어 제2시집 "천 개의 소망이 되어"를 출간하였다.

시인의 표현대로 지금은 100세 시대, 외로움과 고독을 피할 수 없을 것인바, 시인은 다양한 소재를 벗 삼아 인생의 남은 날들을 아름답게 설계하도록 농축된 영혼의 시와 멜로디로 우리를 초대하고 있다. 지난날의 추억은 네 마디, 희로애락으로 저만치 뒤돌아보면 신이 주신 황홀한 이 순간 나를 위한 특별한 선물인 것을….

/ 독자 서평 /

# 유정욱 시집 『천 개의 소망이 되어』

호 창 수

(서울대 국어교육학 석사)

시집 『천 개의 소망이 되어』는 시인의 일상 속에 녹아 있는 체험들이 빚어내는 하모니라 할 수 있다. 시인의 눈으로 목격하고 시인의 말로 형상화된 시인의 삶은 가깝게는 사물에 대한 호기심 섞인 관찰에서부터, 세상과 자연에 대한 냉철한 시선까지 두루 머금고 있다. 이 시집은 시인의 첫 시집인 「고난의 선물」 중 선정한 1부 내용을 제외하면 크게 2015년과 2016년의 시인이 걸은 자취들을 어제와 오늘, 그리고 내일로 이어지는 연속선상에서 조망한다.

그의 어제(2부)는 그를 둘러싼 자연물이 들려주는 속삭임에 대한 대답이라 할 수 있는바, 동토 속의 꽃과 잎이 맺어가는 생에의 열망이나, 산들바람에 휘날리는 억새의 몸부림들을 '아지랑이'로 응축시킨다. 시와 함께하는 시인으로서 그의 삶 역시, 기나긴 인고 속에서 그 빛을 향해, 꿈을 향해 피어오르기 시작하는 아지랑이와 같음을 담백하게 토로하는 것이다.

그의 오늘(3부)은 들려옴에 대한 대답을 넘어 자신의 목소리를 들려주기 시작한 것인데, 이는 시인으로서 자신의 내면에 대한 성찰과 더불어 삶을 재형상화하기 시작하였음을 의미한다. 자신을 둘러싼 생(生)과 세계에 대한 이해를 시행(詩行)을 통해 드러내는 시인의 글쓰기는 딜타이W. Dilthey가 말하는 '체험Erlebnis'이라 할 수 있다.

시인은 사유하는 자아의 세계와 사건에 대한 이해의 외적 표현으로서 예술 행위인 시 쓰기를 선택하며, 자기 자신을 목격하고서 찾아낸 생에 대한 의지와 현 사태에 대한 비판적 안목을 바탕으로 발견해낸 희망을 어제의 그에게 목소리를 들려주던 자연물들, 바로 애기봉의 연리목 · 연리지, 옹이와 같은 존재 속에 투영한다. 이렇듯 글쓰기라는 예술 체험 속에서 시인의 소망을 담은 '시와 함께하는 실천하는 삶(詩生)'의 실현은 새로운 내일을 불러온다.

마지막 그의 내일(4부)은 이중적인 의미를 지닌다. 먼저, 나를 둘러싼 대상에서, 나를 넘어선 세상으로 나아갔다가 다시 나에게로 돌아올 수밖에 없었던 시인의 여정의 종착점이면서도 또다시 시작될 긴 여정으로의 출발지라 할 수 있다. 시인으로서의 삶을 내면화하며 그에게는 '시란 무엇인가?', '시인이란 무엇인가?'에 대한 고민이 뒤따르게 되며, 이러한 성찰은 결국 시인의 말을 빚게 하여주신 주님에게 전하는 감사의 열매로 모인다. 시인의 진솔한 기도 속에서, 그의 내일은 생에의 의지라든지, 자연물들이 전해준 소망들의 결실 맺기로 가득 차게 되며, 다시 시작될 그의 새로운 어제와 오늘, 그리고 내일 역시, 한층 성숙한 시인의 체험을 솔직하고 겸허하게 담아낼 시의 언어로 돌아올 것임을 여운으로 남긴다.

/ 시인의 말 /

# 100세 시대! 인문학 사고의 기초 : 시(詩)poem

우리의 삶은 생로병사 가운데 희로애락(喜怒哀樂)의 연속이다. 그러나 삶의 여정 속에서 누구나 기쁨을 먼저 추구하고자 한다. 또 슬픔은 외로움과 이웃이기에 더욱 멀리하며 일상의 군중 속으로 파고들어 樂을 추구한다. 그러나 이 또한 잠시 잠깐에 머물고 결국에는 언제나 홀로 덩그러니 남아 외로움에 젖어 드는 것이 일상이다. 그래서 누군가 인간을 '군중 속의 고독'한 존재라 했는지도 모르겠다.

결국 인간은 고독한 존재라는 사실을 부인할 수 없다면 이를 수용하는 것이 현명하다. 이왕 떨쳐낼 수 없는 고독이라면 내면아이 inner child와의 대화를 통해 차라리 이를 즐기자는 생각에 잡다한 일상을 돌아보며 마음의 응어리도 풀어내고 주변에 나누고자하는 이야기를 마음 가는대로 솔직하게 표현하여 슬며시 내밀어 보던 작은 습관들이 모여 두 번째 시집 「천 개의 소망이 되어」를 내게 되었다.

문학과 접하게 된 인연은 평범한 듯 평범하지 않은 일상이 나를 사유의 길로 자연스럽게 이끌었다. 사유의 시간은 성찰의 계기가 되어 잡다한 일상의 번잡함을 간결케 해 위로와 평안이었다. 그렇기에 글쓰기를 통해 인내를 배우고, 좀 더 성숙함을 느낄 때 문학활동이 주님께서 주시는 은혜임을 새삼 깨닫게 되었다.

시(詩)poem의 소재는 각 개인의 삶과 연관되어 각기 독특한 '삶의 노래(生涯歌)'로 표현된다. 시가 각 개개인의 생애가라면 시를 쓰거나 읽는 것은 결코 어려운 일이 아니다. 시에 대한 이해가 미천함에도 불구하고 굳이 시의 성격에 대하여 언급하는 것은 필자의 글이 시의 보편성과는 멀게 느껴지는 것에 대한 변명과 더불어 시에 대한 접근이 어렵지 않음을 알리기 위한 것이다.

필자의 글을 접한 상당수가 관심을 가지고 이 정도의 글이라면 나도 할 수 있겠다는 자신감으로 '자신의 생애가'를 열심히 써나가고 있다. 무슨 일이든지 계기가 있고 그렇게 시작하는 것이다. 때때로 수줍게 내미는 글을 접하면서 오히려 그들의 감성에 부러운 마음이 앞섰다. 별(☆)부에 글을 함께 싣는 이유이다.

우리는 100세 시대를 살아가고 있다. 긴 인생 여정에 필요한 것은 노후설계이다. 노후설계의 기본요소인 든든한 재정, 잘 다져진 건강, 취미 여가를 함께할 동반자 등. 그러나 잘 준비된 노후라 하더라도 뭔가 부족함이 느껴진다면 그것은 변화하는 일상에 유연하게 대처할 수 있는 또 다른 능력이 필요한 것은 아닐까? 100세 시대를 살아감에 있어서 가장 먼저 준비되어져야 할 것은 인생에 대한 넓고 깊고 유연한 사고의 능력 즉, 인문학적 사고를 갖추는 일이다. 내일에 대한 불안감을 안고 바쁜 일상을 살아가는 현대인에게 인문학 사고의 기초는 시를 읽고 쓰기 위한 노력으로부터 시작되어진다는 것을 강조하기 위해 읽혀지지도 않을지 모를 서문을 참으로 길게 쓰는 이유이다.

필자는 더욱 정진하여 앞으로의 '삶의 노래(生涯歌)'를 공유하는 일과 이를 통해 힐링의 계기가 되는 치유 시에 관심을 가지고 노력하고자 한다. 끝으로 인간의 삶에 있어서 시의 중요성을 2,500여년 전 고전에서 꺼내어 이를 되새겨보자.

> "詩는 감정을 키워주고, 관찰력을 길러주고, 무리와 잘 어울리게 해주며, 원망이 있어도 도를 넘지 않게 지켜준다. 가깝게는 어버이를 제대로 모시게 해주고, 멀리는 임금을 제대로 섬기게 해준다. 또한 새와 짐승과 풀과 나무의 이름도 많이 알게 해준다(논어 중에서)."

2017년 5월

유정욱

## / 차례 /

## 제2부 | 아지랑이

## 제3부 | 천 개의 소망이 되어

## 제4부 | 감사의 열매가 한가득

## 별(☆)부 | 삶의 노래(生涯歌)

# 제1부

# 고난의 선물*

* 「고난의 선물」, 유정욱 시집, 쿰란출판사(2015).

# 우유부단

예삿일에
어물어물 망설임
될동말동 흔들림

보기엔 답답하겠지만
난 기다림이라 좋아

단번에 No하면
잠시도 기댈 곳 없지만

어정쩡 머뭇거리면
어려움 이해되어도

혹시나
하는 틈새 빛에
참아 낼 용기도 생기잖아

# 면도 1

일명 남자만의 매력이다
매일 아침 반복되는 습관
연휴 게으름 덥수룩한 낯
폼 문질러 폼 잡아 당기니
순간의 따가움 찌릿하다

날 무디었을까 바꿔보지만
밀려오는 따가움 여전하다
풀린 긴장감에 무성한 잡초
어느 한 구석 흐느적거림에
수숫대처럼 자란 검은 숲이다

## 면도 2

긴 병석에 영면하신 부친 사무친다
갈매기 삶에 근근이 주말 뵈올 때
초췌 덥수룩하신 모습에 죄스러워
내가 겨우 할 수 있는 면도질 위해
뜨거운 물수건으로 턱 감싸 드렸지

한 주간에 얼마나 쉬었을까
따가움 어찌 참아 내셨을까
그리운 얼굴 이레 기다림에
여리고 힘든 아들 민망할까
그 아픔을 참아내셨나 보다

## 언행일치(言行一致)

생각대로
힘든 길 나선 이
외로움 묻어난다

홀로 그저 나섰나 보다

말한 대로
힘든 길 가는 이
즐거움 묻어난다

흐르는 사유 따른가 보다

몸짓 하나하나
중하다지만
뜻이 없으면 무용지물

思 · 言 · 行 三位一體

# 어찌할꼬

어찌할꼬
충심이라 고개 젓지만
돌이켜 보니
방자한 날을 세웠구나

이를 어찌할꼬
여린 가슴에
생채기 남겼으니

거듭된 용서
사랑이
날 이리 오만하게 했구나

어찌할꼬
때늦은 후회
무슨 소용일까마는

이 겨울
첫눈에
아픈 상처 남겼으니

어찌할꼬
봄날은
멀기만 한데

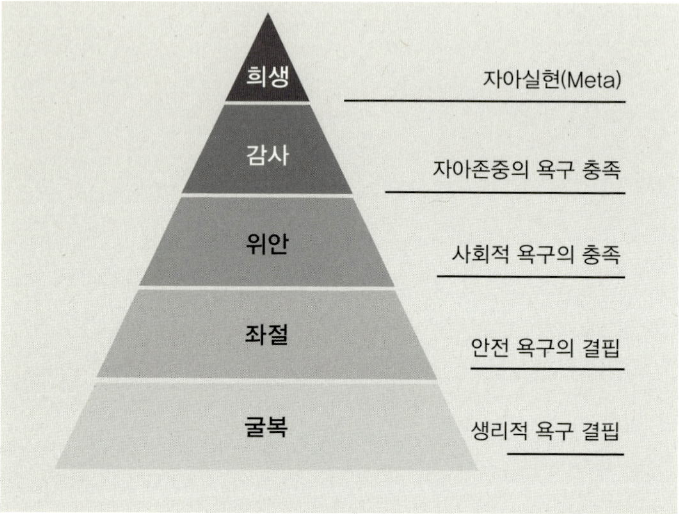


〈Maslow의 욕구단계 적용〉

# 굴복

인생살이
사람이
힘겨워

스스로
앞서간 무명인
유명인

그들이
선택한 길이다

그것이 끝이다
(The end)

> "의인이 악인 앞에 굴복하는 것은 우물이 흐려짐과 같이 샘이 더러워짐과 같으니라. 꿀을 많이 먹는 것이 좋지 못하고 자기의 영예를 구하는 것이 헛되니라. 자기의 마음을 제어하지 아니하는 자는 성읍이 무너지고 성벽이 없는 것과 같으니라(잠 15:26-28)."

# 좌절

오늘의
결핍을 씻고자

내일의
풍요를 꿈꾸며

현실 속
부딪치는
장애들

온 가족
긴 한숨
안개처럼 자욱하다

Poverty trap
(빈곤의 함정)

"나는 가난하고 궁핍하오나 주께서는 나를 생각하시오니 주는 나의 도움이시요 나를 건지시는 이시라 나의 하나님이여 지체하지 마소서(시 40:17)"

# 위안

지리한 일상 벗어나고파
바쁜 삶 핑계로 멀어진
지인 찾아 수소문해 본다

세상은 참 요지경 속
제각기 다른 희로애락
어찌 가늠할 수 있을까

반복되는 싫증난 일상
내일도 거듭할 수 있기에
무거운 탐욕 슬며시 놓는다

"여호와여 나의 발이 미끄러진다고 말할 때에 주의 인자하심이 나를 붙드셨사오며 내 속에 근심이 많을 때에 주의 위안이 내 영혼을 즐겁게 하시나이다(시94:18-19)"

# 감사

지금까지 지내온 것
힘든 길 험한 길
어찌 감당했을까
나의 능력 노력으로
감내하기 어려운 길
모든 것 감사 감사

어느새 슬쩍 다가선
작은 욕심들의 유혹
부끄런 생각 솟구쳐
슬그머니 밀쳐내며
순종하는 큰 믿음
진실하게 간구한다

"아무 것도 염려하지 말고 다만 모든 일에 기도와 간구로, 너희 구할 것을 감사함으로 하나님께 아뢰라 그리하면 모든 지각에 뛰어난 하나님의 평강이 그리스도 예수 안에서 너희 마음과 생각을 지키시리라(빌 4:6-7)."

# 희생(犧牲)

· · ·

"그리스도께서 너희를 사랑하신 것같이 너희도 사랑 가운데서 행하라 그는 우리를 위하여 자신을 버리사 향기로운 제물과 희생제물로 하나님께 드리셨느니라(엡 5:2)."

# 자포자기

自暴者(자포자)는
아집쟁이 욕심쟁이
자기 아니면
누구도 허용치
않네

自棄者(자기자)는
소심쟁이 무능쟁이
지나친 셈에
눈에 띌까
숨어드네

해빙에도
暴 · 棄(포 · 기)가
서로 어울리니
한 걸음도
나아갈 수
없네

난
이미
自暴自棄(자포자기)

“선한 일을 하다가 도중에 낙심하지 말라 포기하지 않고 꾸준히 선한 일을 행하면 때가 이를 때에 반드시 거둘 것이리라(갈 6:9).”

# 유·빙수(流 · 氷水)

나는
流水인가
氷水인가

따스한 햇살에
겨울 계곡 따라

春 알리려 흐르는
단지 水이고 싶다

분명
흐르는 水이건만

보는 이
氷水로 착각하네

지난 세월
이전투구 악몽에

엄동의 응어리
아직도
풀어내지 못하나 보다

월악산 영봉에서(2013. 2. 2.)

# 동탁이몽

원탁
둘러 앉아
주고받는
같은
소리

요지
요지(窯地)
요지(要地)
요지(要旨)
요지(了知)

제각기
서로 다른
의미

아마도
동탁이몽(同卓異夢)인가

# 슬픈 것이 인생

오늘의
슬픔 속에
내일이
그리고 또 내일이

슬픔 속에
웃음을 찾고
또 내일에서
근심을 찾는다

내일의
희망을 꿈꾸는 모서리에
절망의 불청객
깃들지라도

그렇게
하루하루
만들어 가는 것

"슬픔이 웃음보다 나으니 그 까닭은 삶의 염려로 인해 슬픔 어린 얼굴이 도리어 그 사람의 마음에 다잡아주기 때문이다(전 7: 3)."

## 조급증

명분
앞세우나
사심 가득해
잠시 잠깐도
참지 못하네

욕심
사로 잡혀
조급한 맘
자신 돌아보지 못해
남 탓만 하는가

실리를
감춰둔 채
이랬다저랬다
갈팡질팡 우왕좌왕
모두를 힘들게 하네

고난
선지자들
오래 참음의

本 삼으라
잊은 지 오랜가

길이
참으라!

"네가 말이 조급한 사람을 보느냐 그보다 미련한 자에게 오히려 희망이 있느니라. 노하는 자는 다툼을 일으키고 성내는 자는 범죄함이 많으니라. 사람이 교만하면 낮아지게 되겠고 마음이 겸손하면 영예를 얻으리라(잠 29: 20, 22-23)."

# 석양

석양은
老毋의 빛이다

자식 향한
최선의
잔빛 발함이 아름답다

황혼 녘 두고 갈
미련 떨쳐내지 못해

아직도
안식 찾지 못한
홀로 비행이 슬프다

을왕리 해수욕장에서
(2013. 5.)

# 선지동산 365일

참
잘
감내
하였다

**표창장**

**부문 성숙상**
**성명 유정욱**

「賞」
주시네

## 고난(苦難)

슬며시
다가온
부당한 억울함
떨쳐내고
싶건만

本
보이신
그분

고난 자취
떠올라
잃은 길 찾는다

"죄가 있어 매를 맞고 참으면 무슨 칭찬이 있으리요 그러나 선을 행함으로 고난을 받고 참으면 이는 하나님 앞에 아름다우니라(벧 2: 20)."

# 고난의 선물 1

. . .

“너희를 내 백성으로 삼고 나는 너희의 하나님이 되리니 나는 애굽 사람의 무거운 짐 밑에서 너희를 빼낸 너희의 하나님 여호와인 줄 너희가 알지라(출 6: 7).”

## 고난의 선물 2

무심코 뿌린 씨앗
육신을 파고 드는데
누굴 탓하랴
내 허영 고스란히 묻어

주님 뜻 외면하고
세상 주인 섬기며
미련한 종처럼 살아 온
참으로 가엾은 인생

여기저기
찾아든 역경뿐일세
때론 부당한 억울함에
떨쳐 내고도 싶건만

本 보이신
그분
고난 자취 떠올라
잃은 길 찾아든다

"고난 당하기 전에는 내가 그릇 행하였더니 이제는 주의 말씀을 지키나이다(시 119: 67)."

# 고난의 선물 3

지나온
길

힘든 길

굽이굽이 주님의 은혜

어느새
슬며시 다가선
욕심들의 유혹

부끄러운 생각
치밀어 올라
슬쩍 밀쳐내며

그분의 자녀로
살고 픈
간절한 마음에
순종하는 믿음 붙잡아
무릎 꿇고 두 손 모은다

“고난 당한 것이 내게 유익이라 이로 말미암아 내가 주의 율례들을 배우게 되었나이다 주의 입의 법이 내게는 천천 금은보다 좋으니이다(시 119: 71-72).”

## 시 쓰기

좋은 글
쓰기
위해
사유하건만

한 줄기
시상도
떠오르지 않아
깊은 골 헤맨다

어느 날
'다슬'이
통해 들려주시네

"시는
 쓰는 것이 아니라
 받는 거란다"

# 제2부

# 아지랑이

# 2014 아듀! 어제와 오늘 그리고

청마년 돌아보니 세상은 지통재심(至痛在心)하고
부조리 만연한 조급정치 삭족적리(削足適履)하며
뻔뻔함이 넘쳐나는 사회는 지록위마(指鹿爲馬)하네

이념갈등은 높아져 민심이 사분오열(四分五裂)하고
아픔은 쉬 잊은 탓 다시금 참불인도(慘不忍睹)하니
이 강산은 오호애재라 일모도원(日暮途遠)하누나

아, 비통한 마음 억눌러 청양년에 소망 띄워 보낸다

벌교 대포항(2015. 1. 1)

# 동토(凍土)

봄
여름
가을

지심 끌어
품어 낸
아픔 내려놓고

파 헤쳐진
속살
드러낸 채

새 생명 위해
엄동설한
고통을 삼킨다

# 출가외인 1

어찌 된 영문으로
밀려 나왔지만

자고로
'딸은 출가외인이라'
홀대하며

남들과는
쪼금 다른
백년손님 반긴다

## 출가외인 2

세월 흘러
일가(一家)
일구어도

돌아누우면
동그마니
홀로 일세

외로움
밀려
올 때면

날 반길
임
없건만

핏빛 그리움에
친정
울타리로 스며든다

## 아지랑이

이른 비
겨울 내
맺힌 응어리

인고의
기억
뒤로 한 채

내일의
생명을 위해

꿈으로
피어 오른다

# 잎 1

혹독한
겨울
견뎌낸

넌
봄의 화신이다

연록 빛
돋는
한 때 일지라도

# 꽃잎

너무나
가냘파

홀로
설 수 없어

한 잎
두 잎
한데 모여

눈부신
빛깔로
수 놓았지

# 잎 2

세상은 자그마한 일에도
호들갑 떠는 데
누이는
희생 다하고 침묵하구나

거친 손등
고달픔이
묻어나건만
넌 그저 한들한들

어릴적
부모의
사랑이
넘쳐 났구나

# 꽃

혹한의 긴
시간
실오라기 하나
걸치지 않은 채

생명의
봉우리 꽃 피었다

저 여린
고운 생명줄기
티 없이
자라거라

오랜 기다림에
조급한
벌 나비
새 생명의 날갯짓 한다

# 열망

동지섣달 긴 밤
사르며
키운
우리들 열망

잎눈으로 돋아나고
꽃눈으로 피어나

소망의 결실로
주렁주렁
영글어야지

# 사랑 1

국민의 귀염둥이
'사랑'이
모두가 좋아한다

바보상자 속 갇혀서
숨결은 느낄 수 없지만
한 주간 기다림이
더욱 사랑스럽나 보다

멀리 있기에
그립던
그 사람도
사랑스러웠지

30여년 세월
따라
뜨겁던 열정
잿빛 사랑이 되었지만

"내 사랑 그대는 동산을 촉촉이 적시는 샘, 퐁퐁 솟아나는 우물, 레바논 산꼭대기에서 부터 졸졸 흘러내리는 시냇물이어라(아 4:15)."

# 사랑 2

일상 쫓겨
허둥대다보니
밀려 온
썰렁함

서운한 맘 내려놓고
무얼 놓쳤는지
무얼 잘못 했는지
요리조리 궁리해도

미로 속에
그 마음
알 길이 없다

혹여
소홀함이
오해되면 어찌하나

# 줄서기

모처럼
셀렌 외식

'줄서 기다리라'
맨 꼴찌다

언제 오나
조급하지만

'반찬 짓는 시간이라'
잡념에 젖는 사이

껑충 순위 뛰어
맨 앞이다

# 경마장

치고 달리는
너의 빠른 발걸음

누군가에게는 환호와 희망

또 다른
누군가에게는 탄식과 절망

힘겨워 지치는
너의 느린 발걸음

누군가에게는 절망과 탄식

또 다른
누군가에게는 희망과 환호

넌,
무엇을 위해
무슨 영광 있기에…

# 경주마의 변(辨) 1

내가
존재하는 이유

달리기 위해서야

비록
나를 위한 일상은 아니지만

누군가
함께 해준다면

수많은 채찍의
고통을 삼키며

그 위해
있는 힘 다하는 거야

# 경주마의 변 2

너의 함성에
나 긴장되지만

넌,
너 아닌 남 위해

한 번이라도
최선을 다해 보았니

아니
단 한번이라도

진정코
박수쳐 보았니

# 억새 1

산들 바람에
산보에 나선다
집단 워킹 한다

몸집
부풀리지 않고자
춤을 춘다

# 억새 2

왜바람*에
허수아비처럼
막춤을 춘다

편안함에 부풀려진
몸집 털어 내고자

하얀 머릿결
온종일 나부껴
가을빛에 젖는다

* 방향 없이 부는 바람.

# 억새 3

색바람*에
춤사위가
흥겹다

너와 나
위한
K-팝 댄스

황량한 산허리
소외된
공동체 위해

내일의 씨앗
하나
묻는다

* 초가을에 선선히 부는 바람.

# 순두부

넌,
구수한
시골 아낙

인심 넘쳐
달라는 대로 다 퍼주고

혹여
내 욕심 커지면
더 큰 그릇이 되어오라

# 제3부

# 천 개의 소망이 되어

## 파도

망망대해
구중궁궐

외로움에
뛰쳐나와

먼 길 달려 온
쪽빛 파도

갯바위에
온 몸
부딪쳐
하얀 피를 쏟는다

제주도 우도(2015. 4)

# 비루함

무성한 나무
그늘 밑에
가녀린 무명초

청자빛 볼 날 없어
늘상
힘겹기만 하다

가을바람 낙엽에
존재감마저 희미하건만

앙상한 가지 사이
겨울 햇살 잠길 때
힘껏
하늘을 들어 올린다

"내 은혜가 네게 족하다 이는 내 능력이 약한 데서 온전
하여 짐이라(고후 12:9 中)"

# 옹이

끝자락 영광
잊고 싶지 않은
기억
머무는 그 자리

잠깐의 영화
지울 수 없는
아픔의 고통
서려있는 그 흔적

긴 세월
그의 성장통이다

장성 축령산 편백 숲(2015. 4)

충남 금산 복수면(2015. 6)

# 돌·뿌리

메마른 토양
수많은 장애물
힘겹게 파고든 자리
그 끈질긴 생명력

오랜 세월
찢긴 땅거죽
드러난 모진 삶
보듬어주는 지킴 돌

무수한 나날
암흑 속 동병상련
생사의 기로에서
서로의 온기서린 이웃이다

월악산에서(2015. 7.)

# 애기봉 연리목

애기봉*에서
태어나
고향산천 지키며
살아가지만
밀려오는 공허

어느 날
다가 온
또 다른
핏줄기
마주하고 있구나

절로
끌리는 형제애
꼬옥 끌어안아도
祖江**의 강바람이
차갑기만 하다

* 155마일 휴전선에서 북녘 땅을 볼 수 있는 최단거리 전망대(김포월곶)

** 한강 하구(김포시 일대)의 원래 이름.

애기봉에서(2015. 4.)

# 애기봉 연리지

끌려가신 임
그리워하다
숨져간
愛妓*의 한(恨)

남북 분단
안타까워
통일 염원 담아
연리지가 되었나보다

* 병자호란 당시 인질로 잡혀 간 평양감사를 그리워하며 숨져간 기생의 이름.

# 아몰랑 1

발등 떨어진
불덩이
끄지 못해

민초의
아우성
외면한 채

소임
아랑곳없이

'아몰랑'

## 아몰랑 2

노년 희망 무너뜨리는
무책임 공약

골든타임 놓쳐버린
안타까운 시간

걷잡을 수 없는
허공 속 공포 휩싸여도

“미안하다”
그 한마디 부끄러워

나와
무관한 일이라

초지일관
‘침묵의 변명’

# 자가당착(自家撞着)

탐욕에
사로잡힌
아전인수

의구심
스며드니
횡설수설
갈팡질팡

너
나
불행의 씨앗

자가당착(自家撞着)

# 참 리더

오늘날 우리에겐
참좋은
리더가 필요하다

빈 말 거듭해
'유감스럽다'
리더가 아니라

설령
부족해도
'죄송스럽다'

세상을 통찰하는
그런
리더가 그립다

# 절호의 기회

절호의 기회 잡으니 행운 따르고
절호의 기회 놓치니 후회 남는다

시시각각 변하는 세상 물정 속에

절호의 기회 놓친 것이 천행이 되고
절호의 기회 잡은 것이 불행이 된다

절호의 기회를 누가 어찌 판별하랴

## 천 개의 소망이 되어

그 긴 겨울
힘겹게
이겨내고

짧게 피었다
떠나는 나를

안타깝게
바라보지 말아요

아쉬워
하지도 말아요

미안해하는
그 마음은
더욱더
갖지 말아요

하늬바람에
휘날려
나 자유여행
멀리 가지만

낙안읍성에서(2015. 4.)

나 떠나면
마른 가지에
푸르른 꿈이
물들어 와요

나 있던
빈자리에
붉디붉은
고운 열매 맺히고

그 열매
청록에 수놓은
천 개의 소망이 되어
행복한 꿈으로
자랄 거예요

## 악행(惡行)

악행이 별것일까
실리 감추고
명분 내세워
사심만 챙기는 일
저지르면
그게 악행이지

저지른 者
입맞춘 者
눈감은 者
아둔한 탓
막지 못한 者
모두가 공범인지라

주여!
주어진 소명 감당하게
분별의 영안 주시옵소서

# 2015 아듀! 오늘과 내일

허공 속 공포 짓눌려 위여누란(危如累卵)하건만
창조융성 부르짖으며 갈택이어(竭澤而漁)하고
의리 명분 앞세우나 사시이비(似是而非)하더니

구중궁궐 속 사로잡혀 각주구검(刻舟求劍)하니
오천만의 희망 혼용무도(昏庸無道) 속 절망뿐이라

# 밥줄

시답잖은
기술이건만
불끈
거머쥔다

검불에
장작
올려
기름을 붓는다

신념은
꺾이고
끝내
길들여진 짐승이다

# 부역 1

잘 살아 보자는
새마을 운동

너도 나도
낡은 울타리를 허물었다

두메산골 오솔길
한 뼘 한 뼘
넓히기 위해

온 동네 오순도순
희망의 부역(賦役) 나섰지

## 부역 2

잘 사는 세상
더 잘 살아 보자

낮과 밤이 바뀌었고
물질의 의미도 바뀌었다

소박함은 사라지고
탐욕만이 넘쳐나니

실리 좇아 내달리는
부역(附逆)이 횡행하구나

# 부역 3

물질이 풍성하니
명예를 쇼핑한다

선비의 혼은
사라지고

물질에 빠진
부역(附逆)의
벼슬만 높아 가구나

잘 살아보자던
세상이
우릴
어떻게 한 것일까?

# 겨울 숲 1

어린 새싹 자라고 자라
무성함으로 우거진 숲
그 정체성 알 수 없건만

찬바람 스쳐가니
감추고 감춰진 모습
앙상한 나목이다

세파에 물든 허욕
미련 떨쳐내지 못해

잔가지 마른 잎
날갯짓하지만

황량한 숲 움츠린
잡새들의 힘찬 비행

골짜기 찾아든 햇살
새 생명을 잉태한다

# 겨울 숲 2

이 세상 겨울 맞아
감추어진 내 숲

밝은 빛 비추어
조바심 나지만

내 허물
다 들추어질지라도

임 향한 충정만은
일편단심이었음을…

"우리에게 자신의 죄를 깨닫는 은혜를 부어주옵소서"

# 묘(墓)

그의 삶 흐르는 곳
그의 역사 살아있는 곳

그리움을 가득 품어
산 아래 한없이 바라봐도

찾는 인적 없건만
바람결에 귀 기울이는 곳

어쩌다 찾아든 자식
다독여주는

힘겨워 철이든 자식
감싸 안겨주는

영별하고도 떨쳐내지 못해
맴도는 기구한 사랑의 장(場)

# 자아 여행

마음을 열고
때론 닫고
떠나는
너와 나 시간 여행

오늘의 힘든 삶
너로부터 오는 것
난
잊은 채 살고

넌
스쳐버린 시간 속
수많은 기억
잊지 못해 붙잡고

그땐
우리 서로 철없던 시절
어찌 할 줄 몰랐지만

이제 너와 나
내일의 행복 위해
털어놓는 가슴속 이야기

"내가 네게 거듭나야 하겠다 하는 말을 기이히 여기지 말라(요 3:7)."

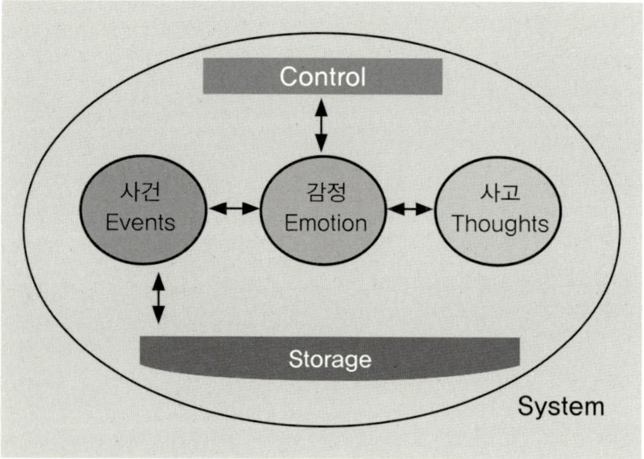

## 제4부

# 감사의 열매가 한가득

## 빈 물병

갈급함에 찾은
냉장고 속
텅 빈 물병

어떡하나!

두리번거려
주전자
꺼내드니 묵직하다

'목마른 者가 샘을 판다'

물병에
조르륵
주르륵

아하!
아내의 팔목시린 까닭

# 죽마고우

바쁘게 살다보니
잊고 지낸 죽마고우
불현 듯
어릴적 추억 반짝인다

그립고 보고파
어렵싸리
마련된 자리는

시간 가는 줄 모르고
피어내는
어린 시절 이야기

지나 온 세월의
역경도
아름다운 사랑의 기억

별리의 순간
맞잡은 손
떨어질 줄 모른다

# 바늘꽃*

난 바늘꽃입니다

혹여 찔릴까
염려가
앞서는
그 바늘입니다

설렘
그 불안과
편견은
갖지 마세요

그 일편지견
나와 당신
우리에게
큰 불행이지요

* 가우라(홍접초, 백접초, 나비바늘꽃)의 여러 이름, 꽃자루처럼 보이는 씨방이 바늘처럼 생겨서 떨어지고 나면 영락없는 바늘처럼 보인다하여 붙여진 이름.

우리들
아름다운 꿈꽃
피우기 위해
함께 일구어 가요

바늘꽃

# 모래알

커다란 바윗덩이 하나

수
억
년

나뉘고
나뉘고
또
나뉘어

쪼개지고
쪼개지고
또
쪼개져

잠기고
　　잠기어
　　　　쓸리고
　　　쓸리고
　　또
쓸리어

수
　억
　　년을
　　　향해
　　　갈고
　　갈고
　또
간다

꽂지 할미바위(2015. 10.)

# 생명

넌
어디서 왔니?

아 하!

# 면(面)

당신을 마주하면
난
한없이 작아진다

누구와도
그리 가까이
한 적 없지만

설레는
맘
짓눌러도

당신을 보면
내 얼굴이
자꾸만 파고든다

# 소낙비

햇살이 내리 꽂힌
어느 날

느닷없는
칠흑 같은 대낮

천둥번개에
화들짝 놀랄 때

후둑 후드둑
쏴아아아아아

갈증을 씻어 낸
정겨운 빗소리

# 장은해 그린

참 이상타
"장은해 그린"
무슨 의미 담았을까

오고 가는 길목
일천여 일의 호기심
이상하기만 하다

살갗 찌른 더위 물러가
나부끼는 나뭇가지에
느슨해진 가슴 추슬러
청명한 하늘 올려보니

아하,
"장은 해그린"

# 삼고초려(三顧草廬) 1

우연한 인연
함께한 장정봉
무지개 빛 좇아
떠나건만

"힘들면 오라"

세월 흘러
재발된 망동
주체 못해
또 떠나건만

365일 다가오매
또
"다시 오라"

여차여차
부응 어렵다하니
"좋은 곳
잘 자리하라"

# 삼고초려 2

선지동산
부르고
부르고
또 부름 받아

수많은
갈등 속
힘겹게
왔건만

20여년 세월
흘려버리고
초심으로
시작하라

선지동산
삼고초려
참
이상도 하다

“나의 여러 약한 것들에 대하여 자랑하리니 이는 그리스도의 능력이 내게 머물게 하려함이라(고후 12:9 中)”

# 귀가 길

녹초 된 그날에
그리던
나를 보아
마음에 파도가 친다

승강기
홀로 올라
눈길 가는 곳
물끄러미 바라보니

내가 보이고
그가 보인다

그의 인생이 보이니
내 길도 보인다

아
내 아버지여

귀경길에(2016. 2. 28)

# 시인의 아내

시를 쓰며
자꾸 읽어 보라

그것도
이해 못하는 영리한 바보

되풀이 되는
잔소리에

비수 꽂힌
푸념이 밀려온다

"돈 되는 시나 쓰라"

# 유서방

윤 혜 정*

쭈빗쭈빗
지금이 아닌가

주저주저
앗! 놓쳤다

아,
제발
나도 말 좀 하고 싶다

* 무뚝뚝한 남편과 30년, 시부모와 13년을 함께한 무던한 사람, 나를 가장 잘 이해하는 사랑스러운 동반자이다.

# 시(詩)는

삼라만상 속
어우러져 부르는 노래

살아 온
추억의 언어

살아가는
역동의 에너지

살아 갈
희망의 씨앗

# 너의 집

미안하다

꽉 찬 관심에
텅 빈 너의 집
볼 때 마다

나르고 날랐구나

오붓한 너의 가족
그려보았건만
그 어린 핏덩이

내 맘이 위협했구나

차라리
무관심 할 것을
너의 모성애

들려주렴
지지배배

충남도립보령요양원에서(2016. 4.)

# 감사의 열매가 한가득

봄 여름 가을
힘겹게 품어 낸 대지
이른 비 내려 주시며
위로하시는 주님

겨울 내 맺힌 응어리
생명의 내일 위해
아지랑이로 피어날 때

꿈으로 돋아나는
새싹 바라보며
소망을 품게 하신다

산들 바람 때때 불어
연약한 줄기 굳건케 해
생명의 꽃 피우시며

저 여린 어여쁜 생명
소망 열매 무럭무럭
키워가라 命하실 때

홀로 외롭지 않게
벌이 되어 나비가 되어
온 정성 다 하건만

긴 가뭄 속 검푸른 손등
애타는 마음 앞세워도
어찌할 수 없는 무력 통해
겸손함 깨닫게 하신다

웃자란 무성함에
힘겨움 털어내라
이른 가을 몰아친
회오리바람 속

찢긴 상흔 가득해도
순응으로 견딘 가지

따스한 가을 햇살
휘영청 고운 달빛에
토실토실 오곡백과
익어가는 황금들녘

감사의 열매
한가득 열어주신다

내 마음속에도
감사의 열매가
알알이 주렁주렁

추수감사주일에(2015. 11.)

## 따뜻한 손길

060

700

1580

060 700 1580

# 하늘 밭

하늘바다
바위 밭
그 누가 일궈 났을까

딸린 자식에
긴 한숨
어옹의 간절한 소망 알고

칠흑 같은 밤에
하늘 소떼가 내려와
하루 밤새 갈아 놓았다

안면도 밧개독살(2015. 10.) | 독살은 밀물 때 들어온 물고기가 썰물 때 갇혀 나가지 못하는 어로법으로 돌그물이다.

# 가을 아침의 기도

천지를 말씀으로 세밀히 창조하신 하나님 아버지!

이 가을 아침. 들녘을 바라보며 사계절 다양한 방법을 통해 저희를 준비시키시고 이끌어 주신 사랑의 은혜 감사합니다

이 가을. 태고의 땅 위에 생명의 결실 맺기 위해 봄 여름 가을 힘겹게 품어낸 대지 이른 비 내려 주시며 위로하시는 은혜 감사합니다

겨울 내 맺힌 응어리. 생명의 내일 위해 아지랑이로 피어날 때 꿈으로 돋아나는 새싹 바라보며 소망 품게 하신 은혜 감사합니다

산들바람 때때로 불러. 연약한 줄기 굳건케 해 생명의 꽃 피우시며 저 여린 어여쁜 생명 소망 열매 무럭무럭 키워가라 명하실 때 동행하신 은혜 감사합니다

소망 열매 바라보며. 홀로 외롭지 않게 벌 나비가 되어 온 정성 다하건만 긴 가뭄 속 애타는 마음 앞세워도 어찌할 수 없는 無力 통해 겸손함 깨닫게 하신 은혜 감사합니다

웃자란 무성함 털어내라. 이른 가을 몰아친 회오리바람 속 찢긴 상흔 가득해도 순응으로 견딘 가지에 오곡백과 익어가는 황금들녘 한가득 열어 주신 은혜 감사합니다

결실의 계절 이 가을 아침. 오색찬란한 물결 통해 하나님 나라 아름다움 알게 하시고 저희들 마음 속 소망 품는 영혼의 열매 알알이 주렁주렁 열어 주신 은혜 감사합니다

선지동산의 가을(2016. 11.)

# 2016 아듀! 내일은

이 땅 이어나갈 아이들 보육은 언과기실(言過其實)하고
이 민족의 미래 청년 일자리는 구지부득(求之不得)하다

이 사회 중추 중장년 내우외환에 노심초사(勞心焦思)하고
희생 끝 물러난 노년은 숙석지우(竿頭之勢)에 한숨뿐이랴

국민의 머슴은 진영 논리에 빠져 탈윤집궐중(脫允執厥中)하니
대하무성은 요원하고 붕정만리는 마부정체(馬不停蹄)일세

이 나라 위탁 경영자는 혹세무민(惑世誣民)도 부족하야
국민의 함성에 권토중래 꿈꾸며 파부침주(破釜沈舟)하네

정유년 고진감래 소망하며 환부작신(換腐作新)하면
국민의 바램대로 국격이 갱상일루(更上一樓)하려냐

# 멍에

살며 살며 쌓여 온 것
지켜내기 힘들어
버리고 싶건만

하루아침에
쉬 떨쳐낼 수 없어
참아보자 다짐해도

짓눌린 삶에
허울뿐인 것
무에 그리 지켜내려 하나

동지 밤 지새워
자조해도
들려오는 건

그래도
지금까지 그렇듯이
조금만 더 참아내라 하네

"이제 네게 지운 그의 멍에를 내가 깨뜨리고 네 결박을 끊으리라(나 1:13)."

# 그 날

내 인생에
가을 가고
겨울이 오면

그 날의 무성함
떨쳐내지 못해
힘들지라도

따스한 햇살 비칠
또 다른
그 날을 읊조려야겠지

"주여 이제 내가 무엇을 바라리요 나의 소망은 주께 있나이다(시 39:7)."

/ 해설 /

# 고난 극복의 아포리즘

## 유정욱 시집『천 개의 소망이 되어』

홍 문 표

(전 오산대총장 · 문학박사 · 신학박사 · 시인 · 평론가)

유정욱 시인이 이번에 두 번째 시집『천 개의 소망이 되어』를 상재하였다. 충심으로 축하를 보낸다.

일찍이 루이스C. D. Lewis는 시가 무엇에 소용이 있느냐고 질문하는 것처럼 어리석은 일은 없다고 하였다. 그것은 무지개나 바다가 무엇 때문에 있느냐는 질문과 같기 때문이다. 무지개는 정말 쓸모없는 것이다. 무지개 때문에 돈을 벌었다는 사람은 없다. 무지개는 별다른 이유도 없이 그 자체가 아름다운 것이다. 시의 경우도 그렇다. 시는 그 자체가 아름다운 것이다. 그러기에 시는 무엇보다도 즐겨야 할 것, 그래서 시는 한낱 경쾌한 경험이라고 하였다. 또한 발레리Paul Valery는 시속에 들어있는 사상은 과일의 영양가와 같이 숨어 있지 않으면 아니 된다. 한 개의 과일은 영양은 있으나 단지 맛좋은 것으로만 여겨진다. 사람들은 그것에서 쾌락이라는 맛을 느끼지만 실상 사람들이 받아들이는 것은 영양이라는 것이라고 하였다.

여기서 이들이 말하는 공통점 가운데는 시라는 것은 각박한 삶에 무지개처럼 아니면 맛좋은 과일처럼 우리에게 즐거움을 주는 것이라는 생각이다. 물론 시는 상큼한 과일처럼 우리에게 신선한 자극과 충격을 주고 그래서 잠시나마 위안을 받는 것일 수도 있다. 그러나 시는 일반 예술과 달리 언어를 통한 예술이어서 그 언어가 갖는 의미나 가치나 존재의 의미를 배재할 수 없으며, 그래서 인생이 무엇이며, 우주가 무엇이며, 사물의 본질에 대한 의미가 무엇인가를 새롭게 발굴하고 드러내는 작업을 함께하는 예술이라는 특수성과 변별성을 갖고 있는 것이다.

그래서 요즈음은 시가 무엇이냐를 질문한다면 시는 한낱 무지개를 보고 잠시 웃어보는 그런 위안의 행위가 아니라 통속적이고 일상적인 삶의 존재에서 벗어나 보다 내면의 진실을 발견하고 깨닫고, 그리하여 나의 영혼이 새롭게 거듭나는 치유의 행위요, 구원의 행위라는 입장이 더 강세를 보이고 있는 실정이다.

그렇다면 이번에 발표된 유정욱 시인의 시집『천 개의 소망이 되어』에서는 무지개나 빛 좋은 과일처럼 상큼한 감동을 주면서도 어떻게 영혼이 새롭게 거듭나기를 바라는 시적 언어를 함께 구사하고 있는 지를 살펴봐야 하겠다.

우선 유시인은 이번 시집 제목을『천 개의 소망이 되어』라고 하였다. 한 개의 소망도 아니고 천 개의 소망이 되기를 강조함으로써 소망 또는 희망에 대한 강한 관심을 보이고 있는 시집이라고 할 수 있다. 기독교 신앙생활의 세 요소가 믿음 · 소망 · 사랑인데 그렇다면 이 제목에는 기독교적인 신앙고백이 함축된 것일까. 유 시인은 시집에서 이런 제목의 시작품을 제시하고 있다.

그 긴 겨울
힘겹게
이겨내고

짧게 피었다
떠나는 나를

안타깝게
바라보지 말아요

아쉬워
하지도 말아요

미안해하는
그 마음은
더욱더
갖지 말아요

하늬바람에
휘날려
나 자유여행
멀리 가지만

나 떠나면
마른 가지에
푸르른 꿈이
물들어 와.

나 있던
빈자리에
붉디붉은
고운 열매 맺히고

그 열매

청록에 수놓은
천 개의 소망이 되어
행복한 꿈으로
자랄 거예요

－「천 개의 소망이 되어」 전문

우선 작품 「천 개의 소망이 되어」는 여성 화자인 꽃의 고백을 통해서 그 긴 겨울 힘겹게 이겨내고 짧게 피었다 떠나는 나를 안타깝게 바라보지 말고 아쉬워하지 말고 미안해하지도 말라는 간곡한 당부를 하고 있다. 모든 존재들의 일차적인 소망은 꽃이 되는 것이다. 그러나 꽃이 되기 위해서는 긴 겨울이라는 인고의 세월이 요구된다. 그래서 이 시는 처음에 "그 긴 겨울/ 힘겹게/ 이겨내고" 라는 구절을 제시했다. 그리고는 다음에 꽃이 핀 결과를 말한다. 이는 고진감래(苦盡甘來)라는 가장 보편적인 생존의 진실이 이 시의 메시지임을 말해주는 것이다.

그런데 그렇게 힘든 겨울을 보내고 겨우 피어난 꽃이지만 꽃의 시간. '짧게 피었다 떠나는 나'를 통해 그 화려한 성취의 시간은 극히 짧음을 말해준다. 그래서 모든 존재들은 꽃이 갖는 유한성에 연민을 느낀다. 더구나 감정과 의식을 가진 인간으로서는 인간의 꽃이 갖는 유한성에 더욱 화무십일홍(花無十日紅)이란 안타까움을 갖기 마련이다.

그런데 이 시의 화자는 모두가 아쉬워하는 꽃의 절정을 인정하면서도 그것을 초월하는 지혜가 있다. 바로 쉽게 가버리는 꽃을 안타까워하지 말고 아쉬워하지 말고 미안해하지도 말라는 반전의 아이러니를 구사하고 있는 것이다. 바로 여기에 이 시가 갖는 천개의 소망, 꽃이고 싶었던 세속적인 욕망을 뛰어넘는 시인의 또 다른 의도가 있음을 말해준다. 그것은 꽃이라는 유한한 소망을 뛰어넘어 "하늬바람에/ 휘날려/ 나 자유여행"하는 보다 차원 높은 새로운 세계다.

꽃으로 있을 때는 한 송이에 불과하지만 피었다 지는 낙화의 과정을 거치면 그것은 패배나 좌절이 아니라, 무수히 많은 소망이 되어 새롭게 부활하는 기적이 되기 때문이다. 이러한 비밀을 구체적으로 드러내고 있는 것이 그 다음 7연에서 꽃이 지고 나면 오히려 푸른 꿈이 몰려온다고 했다. 8연에서는 그 자리에 붉디붉은 열매가 맺힌다고 했고 마지막 연에서는 그 열매들이 천개의 소망이 되어 행복한 꿈으로 자랄 것이라고 했다.

그렇다면 「천 개의 소망이 되어」라는 이 시의 일차적인 주제는 모든 존재들이 한 송이 화려한 꽃으로 개화되기를 소망하지만 그러한 꽃으로의 절정에는 긴 겨울의 인고를 거쳐야하는 고난극복의 과정이 필요하다는 생의 진실을 제시하는 것이지만, 시적 화자가 말하려는 보다 깊은 진실은 그처럼 화려한 외형적 성공보다, 그러한 성공을 뛰어넘는 진리, 한 알의 밀알이 땅에 떨어져 썩지 않으면 삼십 배, 육십 배, 백 배의 결실을 기할 수 없다는 헌신과 희생에 더 비중을 두고 있음을 알 수 있게 된다.

그런데 유시인의 이번 시집이 보여주는 고난 극복의 시정신은 앞서 살펴본 작품에만 있는 것이 아니라 이번 시집 전편의 바탕을 깔고 있는 그의 인생철학이고 시학이고 그가 추구하는 삶의 자화상이라고 할 수 있다. 다음 시들을 보자.

봄
여름
가을

지심 끌어
품어 낸

아픔 내려놓고

파 헤쳐진
속살
드러낸 채

새 생명 위해
엄동설한
고통을 삼킨다

–「동토(凍土)」 전문

이른 비
겨울 내
맺힌 응어리

인고의
기억
뒤로 한 채

내일의
생명을 위해

꿈으로
피어 오른다

–「아지랑이」 전문

혹한의 긴
시간
실오라기 하나
걸치지 않은 채

생명의
봉우리 꽃 피었다

저 여린
고운 생명줄기
티 없이
자라거라

오랜 기다림에
조급한
벌 나비
새 생명의 날갯짓 한다

– 「꽃」 전문

지나온
길

힘든 길

굽이굽이 주님의 은혜

어느새
슬며시 다가선
욕심들의 유혹

부끄러운 생각
치밀어 올라
슬쩍 밀쳐내며

그분의 자녀로
살고 픈

간절한 마음에
순종하는 믿음 붙잡아
무릎 꿇고 두 손 모은다

-「고난의 선물 3」 전문

유시인의 시적 상상력은 대부분 겨울에서 시작한다. 인용한 시들에서 보듯이 그의 시는 겨울이라는 계절의 상상적 이미지가 그의 시적 상상력의 출발이 된다. 겨울은 죽음의 시간이다. 그것은 지상의 계절일 수 있고, 아담 이후 인간들이 걸어야하는 죄인의 길이기도 하다. 따라서 그 겨울 같은 고통의 강을 건너지 못하는 모든 생명들은 영영 죽음일 수밖에 없다. 그래서 유시인의 시학은 그 겨울의 차가운 강을 건너 만물이 소생하는 봄, 바로 겨울을 이겨내고 새롭게 솟아나는 생명의 땅으로 가는 말하자면 새 하늘과 새 땅으로 가는 노래가 된다.

작품「동토」에서는 비록 현실을 동토라는 겨울로 인식한다. "새 생명 위해/ 엄동설한/ 고통을 삼킨다"했다. 철저히 현실을 고난의 공간 고난의 시간으로 인정하고 있는 것이다. 이는「아지랑이」에서도 그렇다. "이른 비/ 겨울 내/ 맺힌 응어리"다. 그러나 그러한 겨울 같은 고난에서 좌절하지 않고 내일의 생명을 위해 인고의 아픔을 뒤로하고 오히려 꿈으로 피어오른다 하였다.「꽃」도 그렇다. "혹한의 긴/ 시간// 실오라기 하나/ 걸치지 않은 채// 생명의/ 봉오리 꽃 피었다"이다.

그런데 유시인의 시적 소망은 겨울을 이기고 꽃으로 피어난 지상의 꽃들과 지상의 삶은 마침내 천개의 소망이기도 하지만 이제 더 나아가 신앙을 통한 천상의 소망에까지 이르게 된다.「고난의 선물 3」에서 보듯이 그동안 인고의 세월을 이기고 꽃으로 피어나 천개의 소망을 이룰 수 있었던 것은 전적으로 주님의 은혜라는 것이다. 그러기 때문에 고난극복을 통해 얻어진 삶의 꽃이나 열매조차도 주님께 감사하고 순종하는 믿음으로 살겠다는 고백을 하게 된다.

한편 유시인의 작품들이 보여주는 또 다른 특징은 작품들이 간결하면서도 삶에 대한 깊은 성찰과 교훈이 있다. 이러한 어법을 아포리즘aphorism이라고 하는데 아포리즘은 삶의 교훈 등을 간결하게 표현하는 것이 특징이다. 대개 문장이 단정적이고 내용이 체험적이며 그 표현은 개성적이고 독창적이다. 속담이나 격언들은 이미 알려진 단문들이지만 아포리즘은 작가의 고유한 창작이면서도 속담이나 격언처럼 촌철살인(寸鐵殺人)의 교훈을 준다. 예컨대 히포크라테스의 "예술은 길고 인생은 짧다" 같은 표현은 아포리즘의 원조라고 할만하다.

사실 유시인의 작품은 행이나 연이나 전체적인 구성이 간결하다. 또한 삶에 대한 경험과 지혜가 있어 독자들에게 쉽게 다가갈 수 있는 매력을 준다. 다음 시들을 보자.

> 넌,
> 어디서 왔니?
>
> 아 하!

-「생명」 전문

> 산들 바람에
> 산보에 나선다
> 집단 워킹 한다
>
> 몸집
> 부풀리지 않고자
> 춤을 춘다

-「억새」 전문

인생살이
사람이
힘겨워

스스로
앞서간 무명인
유명인

그들이
선택한 길이다

그것이 끝이다
(The end)

-「굴복」 전문

작품「생명」은 단 세 줄의 시다. 생명에게 묻는다. 넌 어디서 왔느냐는 것이다. 단 두 줄 7자의 문장이지만 모든 존재들의 근원에 대한 질문을 하는 것으로 매우 철학적이다. 그런데 답변치고는 또 독창적이다. “아 하”라는 것이다. 이는 알았다는 감탄이다. 매우 단정적이다. 따라서 이 작품은 아포리즘 시라고 단정하는데 부족함이 없다.

「억새」도 간결한 단문의 시다. 1연은 산들바람에 억새들이 산보를 하고 집단워킹을 한다고 했다. 바람에 휘날리는 억새의 모습을 의인화하여 산보하고 유영하는 것으로 표현했다. 그런데 2연에서는 그 산보와 워킹이 몸집을 키우지 않기 위한 춤이라고 하였다. 여기에 아포리즘이 있다. 몸집을 키우지 않는다는 말에는 인간에 대한 깊은 교훈이 있기 때문이다. 인간들은 저마다 몸집을 키우고자 한다. 물질의 몸짓 권력의 몸짓 사업의 몸짓, 모두 몸집 키우기에 여념이 없다. 그러나 억새는 그 몸집을 줄이기 위해 계속 제 몸을 흔

든다. 인생도 그러한 자세가 필요하다는 것이다.

「굴복」이라는 작품은 인생살이 힘겹고 사람이 힘겹다고 스스로 포기한 사람들에 대한 경계다. 비록 그것이 스스로 선택한 길이기는 하지만 "그것이 끝이다The end"라는 말로 단호하게 정의를 내린다. 생을 포기하는 것은 어떠한 이유로도 그 정당성을 논할 수 없는 종점, 무의미, 아무것도 아니라는 것이다.

또 하나 유시인의 시에서 발견되는 시법은 형식의 창조다. 사실 예술이란 형식창조의 과정이다. 무엇을 드러낼 것인가도 중요하지만 어떻게 드러낼 것인가. 어떠한 그릇으로 주제를 담을 것인가. 이는 소설 같은 산문에만 중요한 것이 아니라 시도 마찬가지다. 아니 시는 더욱 표현방법 표현형식에 중점을 둔다. 사실 시의 역사에서 시의 주제는 예나 지금이나 크게 다름이 없다. 그런데 시의 형식은 시대마다 개인마다 새로움을 추구한다. 다음 시들을 보자.

참
잘
감내
하였다.

**표창장**

**부문 성숙상**
**성명 유정욱**

「賞」
주시네.

-「선지동산 365일」 전문

060
700
1580

060 700 1580

-「따뜻한 손길」 전문

커다란 바윗덩이 하나

수
억
년

나뉘고
나뉘고
또
나뉘어

쪼개지고
쪼개지고
또
쪼개져

잠기고
잠기어
쓸리고
쓸리고
또
쓸리어

수

억
　년을
　　　향해
　　　갈고
　　갈고
　또
간다

-「모래알」 전문

. . .

"그리스도께서 너희를 사랑하신 것같이 너희도 사랑 가운데
서 행하라 그는 우리를 위하여 자신을 버리사 향기로운
제물과 희생제물로 하나님께 드리셨느니라(엡 5:2)."

-「희생(犧牲)」 전문

작품 「선지동산 365일」은 상 받았다는 사실에 대하여 '표창장' 부분은 별도의 도식으로 드러냄으로 기존의 시가 문장으로만 드러내는 관습을 벗어나고 있다. 이는 시의 새로운 형식을 통하여 표현을 극대화하겠다는 시인의 창조적 발상이다.

「따뜻한 손길」은 아예 전화번호 아라비아 숫자로 시의 본문을 가름했다. KBS라디오가 펼치고 있는 '희망충전 대한민국' 프로의 불우아동돕기 후원전화번호를 바로 3행으로 줄을 바꾸어서 「따뜻한 손길」이란 작품의 주제를 전화번호로 바꾸어 텍스트text로 한 점이다. 「모래알」은 바위가 모래로 흩어지는 긴 긴 세월을 형태화하고 있다.

「희생」은 말없음표 "…" 점 세 개로 희생의 주제를 끝내고 있다. 다만 그리스도의 희생에 대한 말씀을 별도의 문장으로 처리함으로써 희생의 진정한 의미는 화자로서는 감히 언급할 것이 없고 오직

그리스도의 희생만 있음을 보여주고 있는 것이다.

이처럼 유정욱 시인의 시세계는 끊임없이 미래를 추구하는 희망의 시학이다. 그러나 그것은 겨울이라는 혹독한 고난을 극복하는 인고의 산물이라는데 삶의 진지함이 있고, 성실함이 있고 독실한 순례자의 고백이 있다. 그러면서도 그의 시학은 끊임없이 형식을 창조하면서 삶에 대한 예리한 아포리즘을 구사함으로써 더욱 정감 넘치는 시학이 되어 모두를 행복하게 하고 있다.

별(☆)부

# 삶의 노래(生涯歌)

# 그리움

송 재 숙*

아장아장 우리아기

한발두발 뒤뚱뒤뚱
걸음걸이 배워갈때
손뼉치고 싱글벙글

웃음소리 신이나서
달리다가 넘어지면
아앙아앙 우는아기

일으키며 콩닥콩닥
놀란가슴 감추이며
어디아파 호호불며

피가나면 약바르고
붕대감고 살펴보며
품에안고 다독다독

엄마손이 약손이네
아픔잊고 잠들었던
엄마품이 그리워라

* 작은자의 집 원장, 영송문학회 회원

# 어떡하지?

신 유 범*

내 친구들끼리 싸웠다
난 누구 편을 들어야 하지?

오면서 갑이라는 친구가
을이라는 친구를 욕했다
이 때 내 머릿속은
'어떡하지?'

을이라는 친구와 놀 때
을이 갑을 욕했다
이 때 내 머릿속은
'어떡하지?'

* 서울대현초등학교, 6학년

# 아빠 걱정

신 준 범*

새해부터 담배 끊는다던 아빠
회사 갔다 올 때마다 조마조마
엄마도 조마조마
동생은 두근두근

늦은 저녁에 오는 아빠
담배 피셨을까?
여쭤봐야 하는데
자꾸자꾸 잠이 온다

* 등대국제학교 중2학년

# 산과 구름

김 종 국*

아빠 비가 많이 와요
　그러게 비가 엄청 많이 오는 구나

아빠 구름이 산에 내려와 있어요
　우와~ 정말 구름이 산에 내려와 있구나!

그런데 구름이 왜 산에 내려와 있어
　응~ 산은 구름을 엄청 좋아 하거든

왜?
　구름은 하늘을 훨훨 자유롭게 날아다니고 산은 한 곳에서 외롭게 있어야 하거든
　그런데 비가 많이 와서 구름이 비에 흠뻑 젖어서 산에 내려와 있는 거야
　그래서 산은 비가 오는 날이 제일 행복하대

우와~~ 매일 비가 왔으면 좋겠다
구름이랑 산이랑 같이 오래오래 행복하게 살았으면 좋겠다
산이 외롭지 않게

부제 : 다섯 살 아들과 대화중에서

* 총신대학교 중독재활상담학과 재학생

# 세월

문 희 순*

서로 뜨거운 마음으로 사랑을 해
헤어지면 죽을 것 같아 결혼을 하고
사랑의 열매로 예쁜 두 딸이 태어나
지지고 볶고, 티격태격, 아웅다웅 삶을 살아

세월 흘러 예쁜 딸들은 짝을 찾아 가정을 이뤄
눈에 넣어도 아프지 않은 손주들이 태어나
이제는 의젓한 형아가 되어버린 첫 손주도
너무 소중하고 사랑스럽고

이제 말을 배워가며
서투른 소리로
할아버지, 할머니를 부르는
둘째 손주의 목소리가 귀에 쟁쟁하다

할~메, 하~베 정겨운 부름에
절로 미소가 나는 걸 보면
나도 어쩔 수 없이
할머니가 되어 가나 보다

* 총신대학교 중독재활상담학과 4학년

# 길지만 아주 짧은 터널

이 희 순*

아득한 기억 속
저편에 무얼 두고 왔을까?

어두운 터널 속
누군가 등을 떠밀어

문득 뒤돌아보니
희미한 조명아래 옛 사람이 서있다

이 터널
지나고 나면

또 다른 내가
너를 기다리고 있겠지

* 총신대 중독재활상담학과 재학생, 오늘에 최선을 다하려고 하는 나

# 오래 참으심

최 종 옥*

돌고 돌아
선지동산 한식구 되었네

이십 칠년 전
선지 뒷동산에서

철야하며
기도 했는데

긴 방황 속
이제야 순종하네요

하나님은 참고 참으시며 기다리고 기다리십니다. 순종할 때 기뻐하시는 주님을 보며 오래 참아 주신 하나님께 감사합니다.

* 총신대학교 중독재활상담학과 재학생

# 끝자락

허 혜 경*

"으앙~" 울음소리
시작의 문턱에서 깊은 호흡 터트릴 때
어머니는 품안에서 젖을 물렸다
그분 없이 못살 것 같아 보채고 떼쓰던 손길
어느새 고운 피부 주름지고 손아귀 힘 잃은 손은
내 손 잡고 한발 두발 걸음마를 뗀다.
힘겨운 시간 남겨두고 언제 가시려나 ~
무거운 짐 내려놓는 이별이 끝자락이란다

"으앙~" 울음소리
잉태의 고통, 해산의 수고로
가슴의 두 무덤이 부풀어 젖을 물렸다
이 기쁨 전부인 것 같아 쏟고 또 쏟은 손길
어느새 내 손 뿌리치고 각시, 신랑 마주잡은 손은
하루가 부족하여 뛰고 달리고 있다
세상은 넓디넓어 언제 세상일 마치려나~
화려한 행진곡 성공의 날이 끝자락이란다

"으앙~" 울음소리
세상에 없는 것을 보고 들은 은혜가

* 총신대학교 중독재활상담학과 4학년

새 삶의 감격으로 생명 샘의 젖 줄기를 물었다
세상부귀영화 부럽지 않은 전능자의 손길
어느새 나는 사라지고 나를 이끄시는 그분의 손
카이로스 시간 속에 마라나타 노래 부른다
오늘도 내 소망 사랑하는 이 언제 오시려나 ~
천상의 나팔소리 내 이름 불려지는 날이 끝자락이란다

# 사막

이 지 영*

잃어버렸다
무언가를

그것이
무엇이었나 싶을 정도로 까마득해졌다

손 틈사이로 흩어지는 모래처럼
아무것도 잡히지 않는다

한참을 걸었던 것 같은데
발걸음을 뗄 때 마다 자꾸만 제자리로 빠져든다

서 있는 이곳이 어딘지
불어오는 이 뜨거운 바람이 어디서 오는 것인지

멀리 있었지만 선명했던 무언가를
분명 보았는데

이젠 가까이 있으련만 볼 수가 없다

* 총신대학교 기독교교육과 졸업 · 학생경력개발원 근무

# 화살나무

정 재 민*

생김은 너에게 이름을 주었으나
그 가치는 너에게 쓸모를 남겼구나

세상은 보이는 현상을 따르지만
인생은 그 속의 의미를 따르는구나

긴 세월 풍파에 견디어 화살이 되었건만
그 인고는 보지 못하고 무기만 보는구나

화살나무

* 청소년지도사, 교육학박사

# 상식

박 창 진*

돕고자 하는 마음으로
손을 잡고 냅다 뛴다
그 분 시각장애인데

중심이 무너져 기우뚱 하니
반대쪽으로 밀어 붙인다
그 사람 보조기 찾는데

뭣이 어떻고 뭣이 저떻고
쉴 새 없이 설명한다
어쩌나…
그 사람 청각 장애인 걸

춥지요?
살갑게 따뜻한 곳에 앉으란다.
척수장애로 없는 감각은 어쩌라고
아차 하면 살이 썩어 문드러져요

나는 다 알고 있는데
저이는 알 것 같은데 알지 못하네

* 나눔의 집 이사장, 사회복지학 박사

모든 것이 그럼
저이가 알고 있는 많은 것들 중에
내가 아는 것은
몇이나 될까?

# 가을의 반전

방 준 혁*

슬프고 외롭다는 가을
꼭 그렇지마는 않는 것 같다

창공아래 뛰노는
아이들의 마음엔

빠알간 단풍이
눈이 되어 내리지만

어느새 커버린
우리의 마음은

고독과 외로움에
사무친 청년

이 가을, 이해의 맘
가득 담은 커피 향에

얼어붙은 동심이
사르르 녹아내린다

* 총신대학교 중독재활상담학과 2학년

# 성공

오 지 현*

두근두근 빗소리를 들으며
내 안에 있는 60~70%의 수분이 감동한다

채울 수 없는 40~30%의 신비감에 쌓여
빗소리에 맞춰 더욱 갈망한다

채울 수 있다고 채울 수 있다고
모든 자연은 응원하지만

비에 젖은 나뭇잎들이 떨림으로 말한다
채울 수 없음이 모든 살아가는 이유라고

* 총신대학교 중독재활상담학과 재학생

# 방패

조 혜 빈*

이 세상에
최고의
방패
내 안에 있건만

날 보호할
천사 찾아
헤매인
어제와 같은 오늘

돈
스펙
인맥
명예

속세의 부패
떨쳐내고
자유 할
그 날이 언제이려나

* 총신대학교 사회복지학과 4학년

# 버스 안팎의 세상

신 혜 진*

오늘도 지나가는 그 길
정적만 흐르고 있다

버스 안 세상은
왜 이리 어지러운지

한명 두명 타는 사람들
어찌 그리 우울한가

창밖을 물끄러미 보는 나
오늘 또한 세상을 지나친다

아름다운 이 세상
주님께서 주신 이 세상

오늘도 세상에 휩싸여
그렇게 살아간다

* 총신대학교 중독재활상담학과 1학년

# 오늘도

고 이 순*

나의 일기들이
걷고 있다

나의 꿈나무들이
웃고 있다

나의 지체들이
울고 있다

내 기도의
제목이며

내 눈물의
시작이며

내 소망의
결실들이

오늘도
살아 움직이고 있다

* 총신대학교 중독재활상담학과 재학생

# 단비

김고운*

내 등을 토닥토닥
두드립니다

내가 아파할까
조금 망설이듯
따뜻하게 안아 줍니다

내가 만날 한여름의
지친 나그네를
벗 삼아 그렇게

새벽을 깨우던
그 이슬과 만나
속삭입니다
보고 싶다고

* 총신대학교 중독재활상담학과 1학년

# 와르르

백 주 리*

문득
눈에 밟혀
비좁은 틈 벗어나게 해준
책

와르르
쏟아져버린
사이사이 끼워둔
추억

너와는 무관한
그것들

왠지 나 버린 네 생각에
당황해
주섬주섬 쓸어 담는데

어쩐지
더 커져버린
네 생각

이를 어쩐다…

* 총신대학교 신학과 졸업

# 당신을 위하여

김 건 배*

당신이 맑은 날
오솔길을 산보할 때에
나는 새가 되어 아름다운
노랫소리 들려주고 싶습니다

당신이 비오는 날
소낙비 내리는 길을 걸을 때
타오르는 태양되어
비를 거두어 가겠습니다

당신이 고요한 밤에
달빛 따라 사색에 잠길 때
나는 별이 되어 당신의 가슴 속에서
반짝이고 싶습니다

* 총신대학교 중독재활상담학과 재학생, 시인

# 이제야 알겠다. 가을,

김 지 애*

가을은 모든 것이 지고 떨어지는
쓸쓸한 결핍의 계절인 줄로만 알았다

모두가 가고 홀로 남는
고독의 계절인 줄로만 알았다

허나 텅 빈 가지 아래에
수북이 쌓인 낙엽보니

그 낙엽 발로 차며
시끄러운 행복한 소리로 뛰노는 아이들 보니

아이들 너머의 기다리는
엄마의 모습이 보인다

텅 빈 가지 사이 너머 일렁이는
훨씬 크고 풍성한 구름이 보인다
청명한 하늘이 보인다

* 총신대학교 유아교육과 졸업

모든 것이 결핍되고 홀로 남겨진 줄 알았던
이 때에

감히 설명하고 표현할 수 없는
아름다운 색깔의 나무와
땅과 하늘과
그리고
당신이 보인다

# 봄 山

최평호*

가을누에는
비단 실을 뽑고

봄 산 나무들은
비단을 짠다

산을 입히는
두루마기 광폭비단을 짠다

바람에 덜커덩 거리며
봄 내내 광폭 비단을 짠다

萬山 덮은 비단으로
알록달록 하나님 비단두루마기 한 벌 지어드릴까?

남은 자투리로
우리 딸 치마저고리 한 벌 해줄까?

* 영송교회 장로, 시인, 영송문학회장

시인의 표현대로 지금은 100세 시대, 외로움과 고독을 피할 수 없을 것인바, 시인은 다양한 소재를 벗 삼아 인생의 남은 날들을 아름답게 설계하도록 농축된 영혼의 시와 멜로디로 우리를 초대하고 있다.

- 서요한 시인(총신대 교수)의 추천사 중에서

글쓰기라는 예술 체험 속에서 시인의 소망을 담은 '시와 함께 하는 실천하는 삶(詩生)'의 실현은 새로운 내일을 불러온다.

- 호창수 독자 서평 중에서

유정욱 시인의 시세계는 끊임없이 미래를 추구하는 희망의 시학이다. 그러나 그것은 겨울이라는 혹독한 고난을 극복하는 인고의 산물이라는데 삶의 진지함이 있고, 성실함이 있고 독실한 순례자의 고백이 있다. 그러면서도 그의 시학은 끊임없이 형식을 창조하면서 삶에 대한 예리한 아포리즘을 구사함으로써 더욱 정감 넘치는 시학이 되어 모두를 행복하게 하고 있다.

- 홍문표 평론가의 작품 해설 중에서

## 동윤 유정욱(柳正旭)

- 전북 남원 출생(1959년)
- 시인 · 수필가
- 공학박사 · 행정학박사

- 총신대학교 조교수
- 영송교회 전도사
- 前. 강동대학교 부교수(2012년)
  동아보건대학교 교수(1994~2011년)

- 시집 : 『고난의 선물』
- e-mail : ryu2951@hanmail.net

유정욱 제2시집

천개의 소망이 되어

2017년 6월 20일 인쇄
2017년 6월 25일 발행

지은이 유 정 욱
펴낸이 신 용 호
펴낸곳 창조문학사

서울 서대문구 가좌로 86 동천아카데미 5층
등록번호 제1-263호
전화 374-9011, Fax 374-5217
공급처 한국출판협동조합 전화 716-5616~9



값 10,000원
ISBN 978-89-7734-442-6